Arriving Barefooted
Glanio'n Droednoeth

Gwen Williams

LEAF BY LEAF

Leaf by Leaf is an imprint of Cinnamon Press.
www.cinnamonpress.com

ISBN 978-1-78864-858-5

British Library Cataloguing in Publication Data. A CIP record for this book can be obtained from the British Library.

In the EU, we are fully compliant with GPSR (General Product Safety Regulation). Our EU GPSR Authorised Representative, via Inpress Books, is LOGOS EUROPE, 9 rue Nicolas Poussin, 17000, LA ROCHELLE, France E-mail: Contact@logoseurope.eu

Designed and typeset in Bodoni by Cinnamon Press. Cover design by Adam Craig from original artwork by Gwen Williams © Gwen Williams.

Cinnamon Press is represented by Inpress Ltd.

Acknowledgements

Thanks to Jeremy Wood, for guiding us across the Paith in conjunction with Teithiau Patagonia who arranged the 150th Anniversary trip. Thanks to the descendants of the Welsh settlers who continue to be 'Welsh inside though Argentinian on the outside' and who were so generous with their warm welcome to make us feel at home in Chubut. Thanks to my fellow pilgrims for their company with special appreciation to my roomie Janet Thomas and to W.Norman Davies.
Diolch i Jeremy Wood am ein arwain ar draws y Paith ac i Deithiau Patagonia am drefnu'r taith cylchwyl. Diolch yn fawr i ddisgynyddion y fintai cyntaf am eu croeso cynnes ac am ein gwneud ni mor gartrefol yn Chubut. Mae nhw'n dal i gysidro eu hunain yn 'Gymraeg ar y tu mewn ac o'r Ariannin ar y ty allan.' Diolch i fy nghyd deithwyr am eu gwmni ac yn enwedig fy 'roomie' Janet Thomas ac i W.Norman Davies.
I would like to name the following friends, teachers and writing buddies for their generous support over the years / hoffwn enwi a diolch i'r canlynol am eu gefnogaeth hael dros y flynyddoedd:: Elizabeth Ashworth, Ann and Helen Crug Jones, Anthony Dougan, Carys Edwards, Lloyd Morgan Evans, Lloyd Jones, Bernard Watson Gregory, Hannah Griffiths, Darren Harper, Susan Henson, Sian Hughes, and Paul O'Keeffe, Ian Parks, Emyr Payne, Peter Read, William Roberts, James Teague, Helen Walk and Charles Wilcox.
Appreciation and love to my descendants in Manchester and Salford
Rwy'n ddiolchgar i fy nheulu yn Manceinion.
Thanks to all at Cinnamon Press. / Diolch i bawb yn Wâsg Cinnamon.

About the Author

Gwen Williams was born and raised in Salford in a Welsh home where three generations spoke Cymraeg and socialised in chapel. After studying Natural Sciences at Newcastle University, she trained as a social worker and later worked as an inspector of Care Services for the Welsh Assembly Government. Her writing has appeared in *Poetry Wales* and *The North* and various anthologies and has been listed and commended in multiple competitions. In 2023 her unpublished debut novel *Somewhere to Go* was longlisted for the Bridport Prize (the Peggy Chapman Award). As a long term member of Gymdeithas yr Iaith Gymraeg she was included in the anthology of experiences, *Merched Peryglus/Dangerous Women* (pub; Honno 2023). She earned a Masters degree in Art and Psychotherapy from Sheffield University and is obsessed with daily therapeutic journalling in words and images especially on travels. She lives in Llanfairfechan.

Ganwyd a magwyd Gwen Williams yn Salford mewn teulu Cymraeg lle'r oedd tair genhedlaeth yn siarad Cymraeg yn y cartref ac yn y capel. Ar ôl raddio mewn Gwyddoniaeth Naturiol o Brifysgol Newcastle hyfforddiodd fel Gweithiwr Cymdeithasol. O'r diwedd aeth i weithio efo'r Cynulliad yng Nghymru fel Arolygwr Gwasanaethau Gofal. Mae ei gwaith ysgrifenedig wedi 'i gyhoeddi yn *Poetry Wales* a *The North* ac mewn ambell casgliad lenyddol ac wedi cyrraedd rhestrau bur a hir mewn lawer cystadleuaeth. Cyrrhaeddodd ei nofel cyntaf (heb ei gyhoeddi hyd yn hyn) rhestr hir y gwobr Bridport (Gwobr Peggy Chapman) yn 2023. Fel aelod ers amser o Gymdeithas yr Iaith roedd h'n rhan o'r casgliad o brofiadau *Merched Peryglus* (Honno 2023). Mae ganddi hi radd M.A o Brifysgol Sheffield mewn Celf a Seicotherapi ac yn cadw ddyddlyfr yn dyfal mewn geiriau a luniadau.yn enwedig wrth teithio. Mae hi'n byw yn Llanfairfechan.

(instagram; @gwenwilliamsartist)

Contents

For Alys Louise Bunce and Anwen Katharine Alicandro
and our multicultural family
and in memory of Peter Read and Vali James de Irianni

If circumstances, friend
should drive you from your old world
take heart; journey across the sea
to Patagonia.

Os bydd amgylchiadau
gyfaill yn dy yrru o'th hen wlad,
cymer galon;
dos dros y môr
i Batagonia.

Edwin Cynrig Roberts

Arriving Barefooted—Two Rough Journeys

Glanio'n Droednoeth—Dwy Daith Arw

The Original Journey 1865-1903 Y Daith Gyntaf

From the Atlantic to the Andes

Self-Exile

Plan A—Palestine.
Villages with names of chapels
in Bala—Bethel, Hebron,
Nebo and sites in the Galilean
desert calling us to flee
the Church of England and
'Welsh Not' and landlords
who threw us out of hovels
for not making the rent
they kept raising.

Plan B—America.
but Michael D. Jones feared
sexual reproduction would cause
marrying out and our language
would grow thin.

Plans C,D,E—Argentina.
South of Buenos Aires
was empty of settlers.
It didn't sink in
there was a reason.
Tehuelche and Mapuche were nomads
following the guanaco and rhea
only pausing at watering holes.

Plan F—remain in Wales.
Resist and alter the system
but we were etiolated.
So. No. Not an option.

Hunan alltudiath

Y cynllun gyntaf—Palesteina
efo'i bentrefi o'r un enw a'n capeli ni
yn Bala—Bethel, Hebron
Nebo—a llefydd yn yr anialwch
yn Galilee yn galw arnom i ffoi
Eglwys Loegr a'r 'Welsh Not' a
meistriaid tir yn bwrw ni allan o'n hofeli
am y bechod o fethu
a talu'r rhent
oedd yn codi'n gyson.

Yr ail gynllun—America.
Ond oedd Michael D. Jones yn ofni
atgynhyrchiad rhiwiol
a priodi allan a fysa'n teneuo
ein iaith, ein diwilliant, ein Calon Lân.

Cynlluniau canlynol—yr Ariannin.
Bell yn y dde o Buenos Aires.
Nêb yn sylweddoli
fod yna rheswm am y gwacter.
Tehuelche a Mapuche—crwydrwyr oeddynt
yn dilyn y wanaco a rhea
yn cymryd bwyll wrth ochor ambell ffynnon.

Cynllun methu—aros yn Nghymru.
Gwrthsefyll—a newid yr holl drefn.
Ond—digalon oeddym.
Felly. Dim dewis.

Seth Jones

Alas dear Jones, my friend, you astonished
us by leaving so sudden before the last
prayer to go so far and you should have told
the minister in Capal Seion.

Goodbye dear Jones I will likely meet you
again but in heaven. Goodbye, from David
Lloyd your friend at Capel Seion.

Dear Lloyd, I am still alive despite
the hardships. Thank you for worrying
about me. We landed in Bahia Nueva
shoeless into an empty desert
not of sand but of scrub and thorns
on a salty earth and we were too late
for this year's sowing of the corn.

The Indians I think were bribed to help us.
We followed ancient tracks to look for water
going in circles and sleeping in caves.
We cooked outdoors and sand rained down
to season our scanty meals of seagulls
and owls. I shot a fox and boiled it.

We sing Calon Lan and the old hymns
to remind us of home.
But we are doomed dear David Lloyd.
Pray in Capal Seion for us. They told us
red fleeced sheep tasting
of venison were waiting. It was a
promised land, figs and grapes
bursting from trees. No. No. No.
The Government here wanted
this barren land cultivated and who to do that
but the innocent Welsh. Naive and trusting
we were.

Seth Jones

Och! Annwyl Jones, fy nghyfaill, syndod
dy fod wedi ein gadael mor sydyn
cyn y weddi dwythaf
i fynd mor bell. Dylet fod wedi esbonio
i'r gwneidog yn Capel Seion.

Ffarwel annwyl Jones. Debyg i ni gyfarfod eto
ond yn y nefoedd. Ffarwel oddiwrth dy gyfaill,
David Lloyd, yn Capel Seion.

Annwyl Lloyd. Rwyn dal yn fyw er gwaethaf
yr holl galedi lluosog. Diolch am boeni amdanaf.
Glanio wnaethom yn Bahia Nueva
heb sgidia ac yn syth i'r anialwch wâg
nid ddaear o dywod mân ond prysgwydd
o ddrain a'r pridd yn hallt a roeddem
yn rhy hwyr i hau ŷd am y flwyddyn yma.

Siwr y gafodd yr Indiaid cymhellion
i roi gymorth i ni. Dilyn hen lwybrau
i chwilio ddwr. Llysgo a chylchi
a cysgu mewn ogofau.
Coginio ty allan o dan law o dywod
i haleni ein prydiau tlawd o wylanod
a tylluanod. Seithais lwynog a'i ferwi.

Canu Calon Lân a'r hen emynau
i atgoffa ni o gartref.
Ond ar goll ydan ni, annwyl David Lloyd.
Gweddia amdanom. Nhw a dywedasant
fydd yma defaid cnu cochion a blas fenison.
Tir addawedig yn aros amdanom.
Coed ffigysen a rawnwyn yn byrstio yn y coed
Na, na, na.
Y llywodraeth yma oedd angen
unryw un i drin y tir anffrwythlon hwn.
A phwy gwell i wneud hynny
ond y Gymry las—diniwed
ac ymddiriedus oeddem.

But at least we are free to be ourselves
Poor and starving non-conformists.

Ond beth bynnag
rydym yn rhydd rwan i fod
ni ein hunain—
anghydffurfwyr tlawd a newynog

Rachel Jenkins

What would the Tehuelche have thought seeing
us cast off barefoot as if from space on the threadbare shore?
The women in long dark dresses. Soiled
men in homespun breeches, shirts and ties
shabby after two months on the Atlantic.

Sea green we were with sickness and now landsick
when we made landfall on this spiky wilderness
with its thorns and callous dilly dallying between
floods and drought ricocheting
droughts and floods and upside down seasons.

Too much water then too little water.
We were not builders or farmers but
my Reverend husband tried with prayers
and faith to solve these issues.

Ideas are better than prayers and faith.
Observing how the River Camwy rose up sank down
it was I devised a system of canals to irrigate
our crops and equally restrain the spates

and told Aaron 'bid the men dig ditches.'
He was a popular settler. They obeyed him.
He said it was God's plan so this whispered down
through generations as the genius of Reverend Jenkins
along with many lies from those early times.
Later Aaron was murdered by a rogue from Chile.

Rachel Jenkins

Be feddyliodd y Tehuelche wrth ein gweld
yn lanio, fel o'r gofod, ar y traeth yn droednoeth.
Y merched mewn ffrogiau hir. Dynion aflan
mewn llodrau brethyn cartref, crysau, crafat
yn flêr ar ol dau fis ar yr Atlantig.

Gwyrdd-môr r'oeddym efo salwch môr
a rwan salwch y tirlaen
pan laniasom ar yr anialwch pigog hon
gyda'i ddrain greulon a'r dyllu rhwng
llifod a syched—sychddwr a llif
a'r tymhorau wyneb yn waered.

Gormod o ddŵr—dim ddigon o ddŵr.
Dim un adeiladwr neu ffermwr yn ein mysg
ond fy ngŵr y gweinidog ceisiodd gyda gweddiau
a ffydd i drin y problemau maith.

Syniadau yn well na gweddi meddais.
Sylwais syd gododd a suddodd Afon Camwy
bob yn ail. Fi wnaeth ddyfeisio
system o camlesi i ddyfrio ein cnydau
ac ar yr un pryd ddal y llif yn ôl.

A dywedais wrth Aaron—'gwahodd i'r dynion
gloddio ffosydd.' Boblogaidd oedd e wedyn.
Y dynion yn ufuddhau. Dywedodd—cynllun Duw oedd hwn.
Sibrydwyd drwy'r cenhedlaethau fel athrylith
y Parch Aaron Jenkins oedd ceidwadwr y pererinion.
Hefyd sawl celwydd arall o'r gyfnod yna.
Yn hwyrach, lladdwyd Aaron gan ddihyrin o Chile.

The First Wedding on the Pampas

There was great industry for two months.
We made progress. Built sturdier shacks
closer together against Indian attacks.
Soil floors wetted and dried into hard clay.
Instead of glass Rhea feathers over windows.
Soap we made from mixing dust with grass
and boiling it. *Broc y môr* would have to do
instead of tables and cattle skulls for seats
with sacks thrown over them.

Too late in the season for sowing, Spring arrived
in November. We held the first religious service
in Chubut in the storehouse. A box for a pulpit
with the Bible and Hymn Book placed upon it.
We sat on dusty hessian and matched hymns to tunes
by counting the measure on our fingers.
The first sermon was 'Israel in the Desert.'

And the first wedding came about.
Edwyn Cynrig Roberts and Ann Jones.
A military guard escorted the new couple
to Bryn Glas carrying rifles
wearing helmets of plumed tail feathers.
Lewis Jones attended. Persuaded us to stay.
'Just one more year,' he told us. 'Persevere.'
But it was Poverty and Faith kept us here
We had no choice. The difference from Wales.
We were ourselves—the liberated paupers.

Y Briodas Gyntaf ar y Paith

Coblyn o ddiwydiant am tua dau fis.
Taith flaengar. Codasom cabanau gryfach
digon agos i'w gilydd yn erbyn ymosodiaid.
Llawriau pridd wedi gwlychu a sychu i glai galed.
Yn lle gwydyr—plu rhea dros y ffenestri.
Sebon wedi ei wneud o lwch a gwair
a'i ferwi. Broc y môr rhaid wneud yn lle
byrddau a phenglogau buchod fel seddi
efo saciau wedi taflu drosodd.

Rhy hwyr yn y tymor i hau. Cyrrhaeddodd
y Gwanwyn yn mis Tachwedd. Cynhaliwyd ein
gwasanaeth gyntaf yn Chubut yn y storfa.
Bocs fel pulpud efo'r Beibl Sanctaidd
a Llyfr Emynau yr Annibynwyr wedi gosod
yn daclus arno. Eisteddwn ar hesian llwchlyd
yn cytuno'r tonnau i'r geiriau gan cyfri'r mesur
ar ein bysedd.

Y bregeth gyntaf oedd 'Israel yn yr Anialwch.'

A'r briodas gyntaf digwyddodd.
Edwin Cynrig Roberts ac Ann Jones.
Dan gwarchod milwrol i'r cwpl newydd
i Bryn Glas yn cario reifflau
mewn wisg a helmau o blu cynffon Rhea.

Death Lewis Jones i berswadio ni i aros
'un flwyddyn eto' meddai. 'Dyfalbarhad.'
Ond tlodi a ffydd a gadwodd ni yma.
Dim dewis mewn ffordd. Y gwahaniaeth o Gymru.
Roeddwn ein hunain—y tlodion a ryddhawyd.

The Long Trek to Find Gold

Here on the pampas we saw no landmarks
thorny scrub in all directions—nothing—nothing
nothing—if you drop your knife and walk ten
yards you have lost it forever.

A bush we call the *Algharrobita*—
not so much a shrub as a sculpture made of needles
for working horse hide and deep grasping roots—
rips our ankles and lacerates the leg muscles

of our mounts. We were aiming for that pleasant valley
near the Andes Edwyn Cynrig prophesied
a green valley like the ones at home
where corn can be grown
there's a lake jumping with fish
and gold gobbets in the rocks, said he.

We stuck to the ancient tracks advised
by the Tehuelche—eat the *calafate*, they said, for energy
and *jarillar* for healing. Suck moisture
from scarlet *murto* berries and
brew *chichi* from the *molle*.

West west west for hundreds of miles until
a wall of hills rose up. Chameleons.
Their tones and shadows waning and warming
as the sun travels—a pink one next to a yellow one
then a purple and a blue with indigo painting them solid.

At their peaks are twisted gargoyles—wry
terracotta fingers wagged at indifferent skies
as if in warning—straight off we called these peaks
Gorsedd y Cwmwl—throne of the clouds—
by chance we rode into Edwyn Cynrig's valley
and straight off named it Cwm Hyfryd
and thrust our dragon flag into its flanks
as if planting daffodils.

Yr Hirdaith i Chwilio am Aur.

Yma ar y paith dim un nod tir.
Prysgwydd drain i bob cyfeiriad.
Gollynga dy gyllell a cherdded deg modfedd
fydd o'n diflannu am byth.

Llwyn o'r enw *Algharrobita*
nid berth yn gymaint a cherflyn o nodwyddau
y fath i weithio croen ceffyl
a gwreiddiau dwfn trachwantus
yn rhwygo ein fferai a llarpio'r cyhyrau
a choesau ein ceffylau.

Ein amcan oedd i gyrraedd y cwm hyfryd
wrth traed yr Andes fel proffwydodd Edwin Cynrig.
Cwm las, meddai, fel y dyffrynnoedd adre
lle tyfwyd gwenith. Llyn yn neidio efo pysgod
a dyrnau aur yn y creigiau.

Glynwyd wrth y llwybrau hynafol fel y gynghoriwyd
y Tehuelche. Bwytwch y *calafate*, dywedant, am egni
a *jarillar* am feddyginiaeth, Sugnwch gwlybwr
o'r mwyarenna coch *murto* a fragwch chichi o'r *molle*.

Gorllewin, gorllewin, gorllewin am gannoedd o filltiroedd
nes coddodd mur o odre mynyddoedd o'n blaen. Camelionnau.
Eu gysgodion, eu harlliwiau yn cynhesu ac yn cilio
fel trafnidiaeth yr haul—un binc wrth ochor un melyn
wedyn un piws ag un glas efo indigo yn peintio nhw'n solat.

Ar eu hanterth gargoils troellog.
Bysedd gwyrgam terracota yn ysgwyd at wybren difater
fel pebai mewn rhybudd. Yn syth bendithion nhw'n
Gorsedd y Cwmwl a trwy hap a damwain
dyna le roedd Cwm Edwin—Cwm Hyfryd
a gwthiasom ein baner i'w ystlys
fel plannu cennyn pedr.

Later
the women of Wales will join us and sow
barley and oak trees seeded in Bala.

Yn hwyrach
daw merched Cymru i ymuno a ni
a hau barli a coed dderw hadwyd yn y Bala.

Mountain Ash 1903

When Meistr Turner locked the quarry
down it was either go south
to the coal mines or
migrate further to Patagonia.

After a year on *bara saim* and John
moidering in the gooseberry bushes
wielding an axe in the cwt priciau
the minister at Capel Seion
wrote to a cousin in Mountain Ash
to ask for jobs.
                                John left us for the Valleys.
'You'll cope,' he said, 'I'll send a pound a month.'
I had three little ones but he swore
he'd be back by Christmas.
                                Instead each child
had a silver sixpence and an orange.
Another year went by on dry bread
with a note every month. A brief letter
with no news.

I pulled myself together then.

I wrote to him 'Turner has put up the rent.
Mrs Jones next door—her baby died.
I'm sewing little vests to sell
with lace edges. At dawn I rise to milk
at Bryn Glas taking Ceri bach with me
to sit in the hay. We killed the pig
and sold our apples and beans.'

His letters stopped.
                                I realised John had truly left us
for Cym Hyfryd.
On the Paith near Dol y Plu in Chubut
they found a shallow grave.
They knew him by his quarrying tools
in the place named the Vale of Bones.

Onnen y Mynydd

Pan gaeodd y chwarel cafodd Siôn ddewis
rhwng mynd i'r de i'r pwll glo

Neu hwylio dros y môr
ymfudo i'r Wladfa.

Ar ôl flwyddyn o bara saim a Siôn
yn mwydro yn y llwyni gwsberis
yn chwifio bwyell yn y cwt priciau
ysgrifenodd Gweinidog Capel Seion
at gneither yn Mountain Ash
i ofyn am waith iddo.
                                        Gadawyd ni am y cymoedd.
'Ymdari di,' meddai, 'neu di gopio os
anfonai punt bob mis.'
Tair bychan oedd gennyf.
Tyngodd fod adre erbyn Dolig.
                                        Ond, na, yn eu le gafodd y plantos
chwe cheiniog arian ac oren bob un.
Blwyddyn eto aeth heibio ar bara sych
efo pwt o lythur pob mis gan y gŵr.

Yna tynnais fy hun yn ôl.

Ysgrifenais at Siôn. 'Mae Turner y bos
wedi codi'r rhent eto. Baban Mrs Jones wedi marw.
Dwi'n gwnio paisis bach efo las
dros yr ymylion i werthu.
Dwi'n codi gyda'r wawr
i odro yn Fryn Glas a Ceri bach efo mi
yn eistedd yn y gwair. Lladdasom
y mochyn a gwerthais ein afalau a'n ffâ.'

Stopiodd eu lythyrau.
                                        Sylweddolais fod Siôn yn wir wedi ein gadael.
Ar y paith ger Dol y Plu yn Chubut
cafwyd o hyd i bedd bâs.
Adnabwyd Siôn gan eu arfau cloddio
yn y llecyn y galwad Dyffryn yr Esgyrn.

A Celebratory Journey, 2015 Daith i Ddathlu

From the Andes to the Atlantic

Via Florida Buenos Aires

In Buenos Aires I long for a new currency
    but the streets fight against me with hasty footsteps
and all around are the rondo syllables of swindlers
    and I mustn't look them in the eye.

Via Florida promises a wild time but the rate of exchange is wrong.
    They exaggerate Tango on the paved walkways.
Every few yards—a man—a woman—leather pouches at their waists
    chant Cambio Cambio Cambio.

The Canciones of Cambistas 'buen trato acqui.'
    Can I trust in their eyes and their offers of change?

Ragged bodies fill the corners of supportive Basilica walls.
    Divas with cameras slamming hats on the heads
of passing children to tout for pesos for a lousy photo.
    At the Banco de Patagonia over the chorus of Cambio Cambio

I hear an unexpected aria. A teenage mother in flip flops
    and a child in a pushchair under an orange sunshade,
she rocks him forwards and backwards
    forwards and backwards while a moody string player
guards a guitar case clinking with cambio in pesos.

The streets unfold. They fly up. The waif sings O Mi Bambino Caro
    over the heads of the crowds drowning the beat and the nag
of the Cambio Cambio and the tourists freeze to the ground.
    The skinny brown legs of the lullabied kid stick out
from under the sunshade. He is the age of my grandson.

Via Florida Buenos Aires

Yn Buenos Aires dwi'n hiraethu am arian wahanol
    ond mae'r ffyrdd yn cwffio'n fy erbyn efo camau prysur
ac o'm gwmpas mae sillafau rondo y twyllwyr
    a rhaid imi peidio edrych yn eu llygaid.

Addewid Via Florida yw amser gwyllt ond mae'r gyfnewid yn gam.
    Tango yn gorliwio ar y palmantau.
Bob ryw lathen—mae dyn, dynes—cwd lledr ar eu wregysau
    yn lafarganu Cambio Cambio Cambio.

Y canciones o cambistas 'buen trato acqui'
    Ond oes bosib coelio eu lygaid a'u cynnigion o newid?

Cyrff carpiog yn llenwi cornel lle cyfarfu waliau'r eglwys a'r stryd.
    Difas efo camras yn slamio hetiau am ben
y plentyndod wrth pasio i dowtio am pesos i gael y ffotos wael.
    Wrth Banco de Patagonia dros y cytgan o Cambio Cambio

clywaf aria sydyn gan mam arddegol mewn fflip fflops
    gyda phlentyn mewn coitch dan barasol oren.
Siglo hi 'mlaen ac yn ôl ymlaen ac yn ôl—wrth i'r chwareuwr
    gitâr oriog yn gwarchod y cês sydd yn clincio
gyda cambio mewn pesos.

Datblygwyd y strydoedd. Ffoiant i'r awyr. Y phlentyn amddifad yn canu
    O Mi Bambino Caro dros y dorf ac yn boddi y cur a'r curiad
o'r cambio cambio a'r twristiaid yn rhewi i'r tir.
    Y coesa frown fregus o blentyn yr hwiangerdd yn sticio allan
o'r parasol. Yr un oed a fy ŵyr fy hun.

St David's Day in Capel Bethel in the Andes.

The sermon was not turned from Spanish for us.
Our double tongue was not the same as theirs.

We sang through every hymn in the anniversary pamphlet.
Corazon limpio struggled to fit the tune of Calon Lan.

A rebellious congregation shouted out
the numbers of favourite hymns and a gaucho

sang a solo in Welsh at the wheezing harmonium
brought from Bala. Two hours in the boiling chapel

for them to show off their Welsh credentials and
we raised the roof with *A ti y Gloria*

Can you ever be Welsh and atheist, asked William
as we went outside to see a pile of bricks—

the new Welsh primary school in the Andes
they told us—at least if the funds arrive from the Senedd.

Diwrnod Dewi Sant yn Capel Bethel yn yr Andes

Ni throdd y bregeth o Sbaeneg er ein mwyn.
Nêb yn sylweddoli fod ein tafod dwbl yn wahanol.

Canu pob emyn yn y pamffled penblwydd.
Corazon limpio yn brwydro i ffitio tôn Calon Lân.

Gynulleidfa tanbaid yn bloeddio allan
rhifau eu emynau gorau a canodd

y gaucho unawd yn Gymraeg wrth yr offeryn gwichlyd
a ddoth o Bala. Dwy awr yn y capal berwedig

er mwyn iddynt brolio eu cymwysterau Cymreig.
Codasom y to gyda A Ti Y Gloria gan Handel.

'Allwch fod yn Gymraeg ac yn anffyddiwr?' gofynnodd Wil
wrth i ni fentro allan i weld twmpath o frics yn y cae.

'Yr Ysgol Gynradd Cymraeg yn yr Andes,' dywedodd y gaucho
'o leiaf os daw arian o'r Senedd yn Gymru bellach'.

Patagonia Celtica Festival

Tranquillity beside smooth Afon Fawr.
A flock of ibis and stalls being set up.

Ifan stands on a table trying to hang
the banner of Ysgol Cymraeg yn yr Andes

and the folk dancers not even changed yet.
The Welsh bring skipping to the stage

but the Galicians wear embroidered shawls
women dancing happily with each other

an easy salsa step in the absence
of menfolk and a lone drummer practicing

by the river cursing his mistakes. The artist
Bochi weighing down easels from the wind

gusting up from the Andes. His paintings tell
of the first settlers—their motivations

emotions, boundaries, forces, seeds
become trees, bracelets of fire. Floating down

in four inflatables the Grand Entrance
of the Argentinian Scottish pipers.

disembarking barefoot. Rhisiart presents
in Welsh and Spanish out of courtesy.

He gives us a Milonga from Brazil
then a piece by Villa-Lobos. A pine cone

drops onto the big drum. Peligroso
he cries out. Preparado, yells a guy

over exciting music announcing
the tug of war and Bochi trying to keep

Gwyl Celtaidd Patagonia

Tangnefedd ar lan Afon Fawr lyfn.
Haid o ibis. Stondinau yn cael eu gosod.

Ifan yn sefyll ar ben bwrdd yn trio hongian
baner Ysgol Gymraeg yn yr Andes

a'r dawnswyr gwerin heb hydnod newid ei gwisg.
Daw y Cymry a scipio i'r llwyfan

ond y Galicianod mewn siolau a brodwaith lliwgar
merched yn dawnsio'n llawen efo'i gilydd.

Salsa hawdd mewn absenoldeb eu gwyr.
A drymiwr unigrwy yn ymarfer

ar lannau'r afon yn melltithio ei bwnglerwch. A Bochi,
yr arlunydd, yn pwyso'i lawr eu îseli yn erbyn y gwynt

yr awel sy'n chwythu o'r Andes. Eu luniau yn son
am y fintai gyntaf—eu bwriadon, cymhellion

eu teimladau, eu ffiniau, eu gryfderau
fel hadau yn troi'n goed. Breichledau o dân.

Yn arnofio i lawr yr afon mewn pedwar raff daeth
Mynedfa Crand y Bagpipau Albanaidd yr Ariannin

yn glanio'n droednoeth. Yn gwrtaislyd Rhisiart
yn gyflwyno eu fiwsig yn Gymraeg a Spaeneg.

Chwaraeodd milonga o Brasil ar ei gitâr
a pisin dwys gan Villa-Lobos. Disgynnodd côn pinwydd

am ben y drwm anfarth. 'Peligroso,'
gweiddodd Rhisiart. 'Preperado' bloeddiodd dyn arall

dros miwsig cynhyrfus oedd yn hysbysu
rhyfal bach tynnu rhaff a Bochi yn trio'n galed i gadw

his art down with stones. We leave Estancia la Paz
after the Fire Ceremony. And that was

the end of St David's Day in Trevelin
in the Andes in Patagonia after a century and a half.

ei gelf rhag ehedu i'r awyr. Gadawsom yr Ŵyl
yn Estancia la Paz ar ôl seremoni y Tân. A dyna fo

diwedd Dydd Gŵyl Dewi Sant yn Nhrevelin
yn yr Andes yn y Wladfa ar ôl canmlwydd a hanar.

Border Crossing

A torn blue flag with a white stripe marks the border between Patagonian scrub and Chilean desert.

'Donde es vos bolso?'
'Bolso?'
'Luggage. Where is nearest place?'

I point down the gravel track.
Bone shaking miles of barren land.

'Trevelin, but it's far away, es lechos.'
'Is that your bus? Where is conductor?'
'Go on. Ask the driver for a lift.'

In two minutes he's back.
'It belong to company.
His boss say no. Insurance.'

'Shame, what will you do?'
His thumb is up. 'Dedo.'
He hitches up his backpack,
stranded, he sets off across
the empty car park.

'Bon voyage, I call.'
'You're from France?'
'Gales. Wales.'
'Like Gareth Bale?'

There's room. Each of us on the private bus
has two seats each.
Pilgrims, but not one dragon.

Our ancestors were pioneers, for heaven's sake,
in this sharp place of stones
where bread was baked,
eventually, in Cwm Hyfryd in the Andes.

So much for Arglwydd, arwain
trwy'r anialwch.*

* Lord lead us through the desert.

Croesi Ffin

Baner las rhwyglyd efo streipen gwyn yn marcio'r ffin rhwng y paith yn Patagonia ac anialwch Chile

'Donde es vos bolso?'meddai.
'Bolso?'
'Bagiau. Lle mae'r dref agosaf?'

Dwi'n pwyntio i lawr y trac graean.
Milltiroedd o dir ddiffrwyth yn ysgwyd esgyrn.

'Trevelin, ond mae'n bell. Es lechos.'
'Ych bws chi ydi honno? Lle mae'r dreifar?'
'Ewch. Gofynnwch i'r arweinydd am bas.'

Mewn dau funud mae o'n ôl.
'Perthyn i ryw gwmni. Ei bos yn deud na.
Insiwrans.'

'Bechod. Be wneu di felly?'
Coddodd ei bawd. 'Dedo'
gan taro'i fyni ei sach gefn
Wedi strandio. Dechreuodd ar draws y
maes parcio wâg.

'Bon voyage,' dwi'n galw.
'O Ffraingc da chi?'
'Gales. Wales. Cymru.'
'Fel Gareth Bale?'

Mae na le ar y bws wrth gwrs.
Bob un ohonom yn eiddo dwy sêt bob un.
Pereriniaid ond dim un ddraig.

Arloeswyr oedd ein hunafiaid, nefoedd fawr.
yn y lle yma, miniog a cherrig
lle pobwyd bara
yn y diwedd
yn Cwm Hyfryd yn yr Andes.

Dyna fo felly am Arglwydd arwain drwy'r anialwch.

The Old Patagonian Express (La Trochita)

The mountains curled around the little train.
  like sleeping cattle velvet hides turning pink and yellow as the sun
    ventured through the baking morning from El Maiten to Nahuel Pan.

Express this was not. But a carnival it was. A circus.
  A procession of eccentrics through the toy train carriages.
    A Mapuche guitar player sipping matê between verses

The singer of Sete Netos whirled the ticket
  inspector into an awkward waltz down the narrow aisle.
    A woman sold us *pana* and an Australian played hymns.

We laughed and sang as smoke from a forest fire
  north of Bariloche chafed the azure sky.
    Ten thousand hectares now destroyed.

Four firefighters killed already. Our Welsh *mintai*
  started on *oes gafr eto*? and emptied the carriage.
    By the time we reached Esquel they had reached the maroon one.

Hen Drên Gyflym Patagonia (La Trochita)

Cwtchodd y mynyddoedd o gwmpas y trên fâch
fel wartheg cysglyd—ei crwyn felfedaidd yn troi'n binc a melyn wrth i'r haul
mentro ar draws y bore poblyd o El Maiten i Nahuel Pan.

Cyflym nad oedd hwn. Ond carnifal oedd o. Syrcas.
Gorymdaith o ecsentrics trwy'r cerbydau trên tegan.
Mapuche yn chwarae gitâr a sipian maté rhwng adnodau.

Canwr y band Sete Netos yn chwyrlio'r casglwr ticedau
mewn ddawns anghyfleus hyd yr eil gul.
Dynas yn gwerthi *pana* ac Awstralian yn canu emynau,

Chwareuon a caneuon. Ond mwg o'r tannau goedwig greulon
i'w weld yn y Gogledd yn Bariloche yn brathu'r awyr las.
Deg mil o hectarau wedi eu chwalu.

Pedair diffodwyr tân yn barod wedi eu ladd. Dechreuodd
ein fintai Cymraeg ar 'Oes Gafr Eto' a gwagwyd y cerbyd.
Erbyn i ni gyrraedd Esquel cyrrhaeddwyd at y gafr marŵn.

At the Mirador Huancache

Horrendous evening. Meat meat meat.
Hymns, bullying, hymns, meat,
nastiness about Gogs
resentment towards Hwntws
and excess champagne.
Rowdiness rudenesses
then all downhill
to rugby limericks.

The Hwntw woman said
in her cheese grater voice
'we have had a very poor
showing tonight from the Gogs
as usual.'

The Gogs said Hwntws are
bossy and show offs
preachy and pompous
and to prove them wrong
Alwen from Llyn
started singing Esgair Llyn.

It turns out Gogs
have more angelic voices
than the Hwntws.
And Siôn, a little merry,
started a sermon
about Gallipoli.

Gwion had chilli sauce
down his sweater and a ribbon
of mucus paragliding from his gob
after the champagne.

Yn y Mirador Huancache

Noswaith affwysol. Cîg Cîg Cîg
Emynau hallt, bwlio, emynau a mwy o gîg.
Casineb at y Gogs.
Dicter at yr Hwntws.
A gormod o siampên.
Stwrllydiant, anfoesgarwch.
Ac yna hollol digalondid
i bâs isel limerics rygbi.

Medde un o'r Hwntws
mewn llais pigog
'cafwyd perfformiad wan iawn heno
gan y Gogs fel arfer.'

Sylwodd y Gogs fod
yr Hwntws yn farnol, sych-dduwiol,
hunan-bwysig, rhwysgfawr.
Ac i ddangos nhw i fyni
dechreuodd Alwen y Llais o Lŷn
i ganu Esgair Llyn yn ddwys.

Mae'n troi allan fod gan y Gogs
lleisiau fel angylion.
A braidd yn feddw dechreuodd
Siôn bregethu am Gallipoli.

Daeth rhuban sgleinedig fiwcus
o gêg Gwion yr hwntw
ar ôl y siampên
a sos tsili lawr ei grys.

The Tehuelche family
breathed relief to see us
stumble outside to see the stars
over the dark prairie.
The noisy Welsh
keeping them up
until the early hours.

There weren’t many stars
but very bright the ones we saw.
Orion, Venus
and the Southern Cross.

Teulu y Tehuelche, dwi'n siwr,
yn ocheneidio'n braf wrth ein gweld
yn gadael ei dy bwyta
i wylio'r sêr
dros y Paith tywyll.
Y Cymry swnllyd
yn cadw nhw o'i gwlai
tan yr oriau mân.

Roedd y nefoedd yn brin o sêr
y noson honno
ond disglair y rhai a welsom
Orion, Fenws a'r Groes Deheubarth.

Catastrophe at Los Altares

When we woke at seven
there was still no water.

Sara said 'sorry' for emptying
the red desert dust from her boots
into the sink and the toilet wouldn't flush
and she needed it urgently.

I went outside to wait
only for Sara to follow me.
She had no outcome and now the key
to our door wouldn't work
and our luggage was inside.

I tried the key. William tried.
We had a Judge with us and asked
if he had learned any
burglaring tricks during his time
on the Bench. He was offended.
Jeremy tried the key. The driver tried.

We called the manager who brought
an aerosol spray and now a crowd
gathered around. We heard noises
in the room.
                    Sara moved on to
the toilet in reception and that was when
we heard a crash and she cried out 'Bois Bach,
I only rested my bottle on the sink
and it fell down and shattered on the concrete.'
Someone was rattling our door.
'There's someone in your room,' said Meg.
'trying to get out.'After an hour
we heard the sound of drilling
and the lock fell away.

Trychineb yn Nyffryn yr Allorau

Wrth ddeffro am saith o'r gloch y bore
doedd'na ddim dŵr.

'Sori,' medde Sara, 'am wagio
fy sgidia o lwch côch y Paith
i'r sinc.' Y toiled yn gwrthod fflysio
ac oedd hi eisio fo'n gyflym.

Es allan i aros
dim ond i Sara fy nilyn yn syth.
'Dim canlyniad,' meddai, 'a rwan
di'r goriad ddim yn gweithio
a'n bagiau ty mewn.'

Ceisiais yr allwedd. Wiliam hefyd.
Gofynnwyd i'r Barnwr yn ein mintai os
oedd o wedi dysgu triciau lladron
yn ystod ei amser ar y Bench.
Tramgwyddwyd ef. Pwdu mawr.
Triodd Jeremi y goriad. Yna gyrrwr y bws.

Galwyd ar y manajar a dygoedd
chwistrell aerosol a rwan gynulleidfa
wedi ymgasglu a swn rhuglo
yn y stafell.

Symudodd Sara i'r toiled yn y derbynfa
ac yna glywsom y gwrthdrawiad o
rhywbeth yn sarnu. 'Bois Bach,' gweiddodd Sara
o'r toiled yn syllu ar y sinc mewn dreillion
ar lawr.'Dim ond gorffwys fy mhotel dwr arno nes i.'

Oedd rhywun yn ysgwyd ein drws erbyn hyn.
'Mae'na rhywun yn eich stafell,' medde Meg,
'yn trio mynd mas,'
Yna swn drilio
a'r clô'n syrthio o'r diwedd.

The pump in the river had broken.
Only one man on the pampas knew
how to fix it. And he was in Trelew.

We made a getaway
the driver revving the engine.
Without washing, without breakfast.
Leaving ruins behind.

Y pwmp yn yr afon oedd wedi methu.
Dim ond un dyn ar y paith oedd yn fedrus
ac o'n Drelew ar y pryd.

Dengid yn syth wnaethom.
Y dreifar yn refio'r enjin.
Heb molchi, heb frecwast.
Gadael llanast yn ein sgîl.

Hunting for the Patagonian Killer Bunny

In the canyon near Los Altares
we stopped speaking.
'Cover your throats,' said Jeremy.
'For it is quick and deadly.
Hooks on its hands and
terrible hooks on its terrible feet.'
I thought of the Gruffalo.
Half squirrel half rabbit
with a long striped tail and
a greenish tinge to its furry torso.

'You're lying again,' I whispered.
There's no such thing as a
Chinchillon butaanuy
who can scale a sheer rock face
at the sound of human footfall.

I lagged behind the others
in case I saw this cryptid
and patience conjured it up
perching on a red cliff
scratching its ear
watching me
as if I was a specimen.

The desert roasted like a sacred space.

Only the biscuit crunch
of my own feet like tinnitus
on the stony ground.

Hela am y Gwningen Lladdwrol Patagoniaidd

Yn y canyon ger Dyffryn yr Allorau
sefwn yn ddistaw.
'Gorchuddwch eich gyddfa,' gweiddodd Jeremi,
'mae o'n gyflym ac yn farwol.
Bachau ar eu ddwylo
a bachau ofnadwy ar eu draed ofnadwy.'
Meddyliais am y Gryffalo.
'Haner wiwar, haner gwningen
efo cynffon hir streipiog
ac arliw wyrdd ar ei gorff blewog.'

'Celwydd eto,' sibrydais.
'does dim y fath beth a'r
Chinchillon butaanuy
sy'n medru dringo wyneb y graig
wrth glywed swn traed dynol.'

Aethant ymlaen. Arhosais yn ôl.
Gan obeithio cael cipolwg o'r creadur.
Amynedd daeth a fo
yn grafu ei glust
yn glynu wrth uchelgraig
i fy wylio gan dybio
mae fi oedd yr anifail prin
godigog.

Pobi oedd y Paith fel lle cysegredig.

Dim ond grensian biscetaidd
fy nhraed fy hun fel tinitys
ar y llawr caregog.

The others found some bones
in a cave. Guanaco? Meg's shoes
were much too thin for the desert.
She moaned about her feet
and not seeing the PKB.
'You do not tell the truth,'
she scolded Jeremy, 'another myth
about Patagonia.'

Rock columns reared up
terracotta against the primitive sky
like wagging fingers.

Chwiliodd y lleill ambell asgwrn
mewn ogof. Wanaco. Nid oedd
esgid Meg yn addas i'r Paith, rhy dena.

Cwyno oedd hi am ei thraed
ac am osgoi gweld y PKB.
'Deud celwydd eto,' meddai wrth Jeremi.
'Chwedl arall am Batagonia.'

Colofnai o garreg aruchel yn solat
teracota yn erbyn yr awyr gyntefig.

Trelew Touring Club

We lounged around a garden trough
where tortoises—slower than the wait for beer
and omelettes—scraped between the cacti..

Jeremy said Butch Cassidy stayed here
between bank raids. For him the Club retained
a room he could escape from urgently

and easily. We found it by the 'Wanted' poster
(Paul Newman) and leaned in observing
out of its holster—his gun (fake?) lay ready

on the bed. An ancient harmonium
lid scrolled up. Butch's typewriter
on a side table. On a Lloyd loom chair

a cast off blue shirt to match his eyes.
We trust he never killed anyone but by the time
the waiter brought our food

we had lost our appetite. Oh and
there was an adding machine also
for counting his pesos.

Clwb Teithio Trelew

Gan ddiogi o gylch yr ardd
    lle'r oedd crybanod wrthi'n crafu—yn arafach na'r aros am gwrw
        ac omlets—rhwng y cacti.

Dywedodd Jeremi fod Bwtch Casidi yn aros yma
    yn aml rhwng cyrchoedd banc. Cadwodd y Clwb
        ystafell y gallai ddiangc oddi'n sydyn

ac yn hawdd. Adnabyddais y lle gan y poster 'Ar Eisio'
    a llun Paul Newman. Es i mewn gan sylwi
        ei gwn allan o'r holster (ffug?) yn hollol barod

ar y gwely. Hen offeryn—harmoniwn—ei gaead
    yn agored wedi sgrolio i fyny. Teipiadur Bwtch
        ar bwrdd bach achlysurol. Ar gadair Lloyd loom

crys las wedi ei daflu yn flêr i gydfynd a lygaid las Bwtch.
    Ymddiriedwn na laddodd Bwtch neb ond erbyn
        i'r wâs gyflwyno ein cinio a cwrw

roeddem wedi colli ein blas ar fwyd
    O ac oedd yn y stafell hefyd peiriant ychwanegu
        i gyfri eu pesos.

Museo Palaeontologica, Trelew.

Back back back. Our tour took us
through the Mesozoic, the Palaeozoic
the Triassic to the time
of insects. Sea creatures left
their traces. A story of life beginning.
Good meteorites arriving barefooted
bringing life to earth and settling here
in the wilderness of the pampas
carrying DNA and then inventing
sexuality and adaptation.

The question of how dinosaurs died out?
Was it a shower of evil meteorites
scattering Iridium on vegetation? Or
dinosaurs failing to stand for long
and eating while they slept
eating eating outgrowing their food supply?
Three hundred million years
to their demise. But a couple of centuries
is no time at all for evolving.

Meanwhile in the desert a farmer
found more bones. Seventy tons of
Patagotitan mayorum
and all the team cheered
even the zoologist's dog was excited and
licked his master's face.

And back in Trelew—human traces.
As there is no concert hall a triple harp
recital in the lecture theatre.

Amgueddfa Palaeontolegol Trelew

Yn ôl, yn ôl, yn ôl. Cymerodd ein taith
trwy'r Mesosoig, y Paleosoig, yr oes Triassig
i gyfnod y pryfaid. Creaduriaid y môr gadawyd
eu holion. Hanes bywyd yn dechrau.
Meteorynnau pur yn glanio'n droednoeth
yn cynnal bywyd i'r ddaear, yn setlo yma
ac yn dyfeisio rhywioldeb ac addasiad.

Y cwestiwn anfarth—sut farwodd allan y deinosoriaid?
Gan diodda cawod o meteorynnau drwg
yn wasgaru Iridium ar y llystyfiant?
Dinosoriaid yn methu a sefyll yn hir
yn bwyta tra'n cysgu weithiau.
Bwyta bwyta yn tyfu allan o'r cyflenwad bwyd.
Tri miliwn o flynyddoedd i'w tranc—
nid yw cwpl o ganrifoedd
yn amser hir i esblygu.

Yn y cyfamser yn yr anialwch
ar y Paith roedd ffermwr
wedi darganfod esgyrn.
Saith deg tunnell o *Patagotitan mayorum*
(gor ddweud efallai)
Hooray medda'r tîm
hydnod ci yr arweinydd
yn llyfu gwyneb ei feistr.

Ac yn ôl yn Drelew—holion dynol.
Gan nad oes lŷs i hel cyngerdd delyn
datganiad yn y neuadd ddarlith.

Two Canoes in Bahia Nueva

Canoes in the bay
like green
and yellow leaves
in the shallows together.

Striking across Bahia Nueva
safe in the shallows
like friends but
one canoe is gone.

Two green canoes
in the shallows.
One falls behind
and the other goes on.

Canoes, both yellow
one falls behind
one glides away.
Evolving.

Dau ganŵ yn Bahia Nueva

Dau ganŵ yn y bae
fel dail mewn
glâs a melyn
yn y fasddwrion gyda'i gilydd.

Yn morio ar draws Bahia Nueva
yn ddiogel yn y basddwr
fel gyfeillion ond
mae un ganw yn diflannu.

Dau ganŵ wyrdd rwan
yn y fasddwrion.
un yn syrthio'n ôl
y llall dal i fynd.

Canŵs, y ddau'n felyn.
Mae un yn taro'n ôl
un yn lithro'i ffwrdd
yn datblygu.

Asado at Bryn Glas

At dusk in Gaiman Ricardo Irianni
welcomed us in Spanish Welsh
and mosquitoes in a canal mist.

We toured his irrigated fields
and hundreds of cattle. In a barn
a long long table was set out for us.

A whole cow in the fireplace
had roasted the whole day
in our honour.

His mother Vali brought strawberries
grown locally and salads
for our vegetarian.

'Kyffin was here,' said Vali,
'he drew my Taid for an hour
then put it in the bin he wasn't happy.'

There's an hour I've wasted, said Taid.
Alwen the Voice sang Esgair Llyn and
Ricardo joined in with lake-drowned eyes

as he remembered the farm near Aberaeron
he visited once and Vali stroked
the nape of his neck.

'We must keep up the connection,'
she said. 'Dywi wedi cael awen heno.*
Thank you, pilgrims, for coming so far to see us.'

*I have had inspiration tonight

Asado yn Bryn Glas

Machlud haul yn y Gaiman a croesawyd ni
gan Ricardo yn ei Gymraeg Spaeneg
a miloedd o mosgitos yn niwl y camlas.

Teithiom eu gaeau wedi dyfrhau gan sistem Rachel Jenkins
a gannodd o wartheg. Mewn sgubor
gosodwyd bwrdd hir hirlawn er ein mwyn.

Buwch gyfan yn y lle tân
wedi bod yn pobi trwy'r dydd
yn ein hanrhydedd.

Ei fam Vali a gyflwynodd mefus
i'r bwrdd a tyfwyd yn leol, a saladau
er mwyn ein llyswraig.

'Oedd Kyffin yma estalwm,' medda Vali
'bu'n braslunio Taid am awr gyfa
yna ei rhwygo a rhoi'n y bin.'

Gwylltiodd Taid. Wel dyna awr dwi wedi gwastraffu.
Dechreuodd Alwen y Llais o Lun canu Esgair Llyn eto
ac ymunodd Ricardo gyda lygaid wedi boddi

fel y gofiodd y fferm ger Aberaeron
lle ymwelodd un tro a trawodd
ei fam gefn ei wyddf yn dirion.

'Rhaid inni cadw y cysylltiaid,' meddai,
'dwi wedi cael awen heno. Diolch,
pereriniaid, am teithio mor bell i ymweld a ni.'

References and Notes on the Poems

References

Y Wladfa, R.Bryn Williams
Gwalia Patagonia, Jon Gower
Dyddiadur Mimosa, Joseph Seth Jones (Golygydd Elvey Macdonald)
A Welsh Song in Patagonia, William Casnodyn Rhys (Edited by David Hall Rhys)
Travel Journal, 2015, Gwen Williams

Notes on poems

The long trek to find gold:

Algharrobita, prosopsis alpatico, desert thorn of South America
Cynrig: Edwyn Cynrig Roberts, explorer who led the Welsh into Patagonia
Tehuelche: indigenous nomads of Patagonia
Calafate: an antioxidant plant found on the pampas
Jarillar: jarillar crespa, a plant having anti-inflammatory properties
Murto: berries found on the pampas
Chichi: a fermented drink
Molle: schinus johnstoni
Gorsedd y Cwmwl: one of the peaks of the Andes near Esquel
Cwm Hyfryd: pleasant valley, a later Welsh settlement in the west

Mountain Ash 1903

Bara saim: bread and dripping
Cwt priciau: woodshed
Dol y Plu: place of feathers
Bryn Glas: green hill (name of farm)

Via Florida Buenos Aires

Cambio: change
Canciones: cradle-songs
Cambistas: money-changers

Buen trato aqui: good deal here
O Mi Bambino Caro: my beloved infant

Patagonia Celtica Festival

Peligroso: danger
Preparado: get ready
Afon fawr: great river
Ysgol Gymraeg: Welsh school

The Old Patagonian Express

La Trochita: all that now remains of the Old Patagonian Express.
El Maiten: a station in Esquel
Nahuel Pan: Indian craft village in the Andes
Mapuche: indigenous Indian
Sete netos: Argentinian band
Fintai: group or cohort
oes gafr eto: The goat song, welsh folk song, very annoying, asking is there another goat (colour of goat) here?
Pana: bread

At the Mirador Huancache

Gogs: North Walians
Hwntws: South Walians

www.ingramcontent.com/pod-product-compliance
Ingram Content Group UK Ltd.
Pitfield, Milton Keynes, MK11 3LW, UK
UKHW020102310326
469528UK00003B/60

9 781788 648585